マンション管理員の業務改善活動&とりとめのない話イロイロ

西勝寺 源
SAIJOJI Gen

文芸社

はじめに

私は外資系ＩＴ企業のハードウェアエンジニアとして従事し、六十歳で定年退職を迎えました。余談ですが、現在は二〇一三年に政府が改正した「高年齢者雇用安定法」によって、定年が六十歳から六十五歳に引き上げられました。これは経過措置期間となっていますが、二〇二五年四月から定年制を採用しているすべての企業で六十五歳定年制が義務となるようです。現在は六十五歳・七十歳でも健康で元気な方が大勢おられます。働く機会があることは素晴らしいと思います。

私は失業保険期間中にハローワーク通いをしながら、旅行をしたり、近所を散策したり、ロードバイク（自転車）を楽しんだり、のんびりと過ごし、第二の人生はどのように生きていこうかと考えました。

四国八十八か所お遍路さんもしてみたいなと思いましたが、ことのほか時間とお金がかかることが分かり、諦めました。しばらくは何もしないで遊ぶのもよいかなとも思いましたが、途中ですることがなくなり、あまりぼんやりしていては認知症を発症するかもしれないと思い、やはり何か職に就こう、世の中の人助けができないか、人々との関わり合いは必要だと判断しました。

第二の人生は今までの仕事とまったく違う仕事に就こうとハローワークに通い、残業のない、定時で上がれるマンション管理員を選びました。

職場は神奈川県横浜市にある百四十戸の大きなマンションでした。こういう大きなマンションでは、管理員の他に二名の清掃員がいて、清掃やゴミ出しは彼らの職務です。勤務は月曜日から土曜日の午前九時から午後六時までで、日曜祭日はお休みでした。このマンションでは、ご主人が働きに出ると、家に残っている方は奥さん、おじいさん・おばあさん、小さなお子さんたちで、のんびりした空気が流れていました。

管理員になったのはよいのですが、小さい管理会社のためか管理員業務手順書もなく、フロントマネージャーに聞いても回答はあやふやでした。そのため最初はまごつきましたが、私の持っているコモンセンス（常識）とサービス精神で業務遂行していきました。しばらくするとだいぶ仕事にも慣れ、入居者とも顔見知りになり、うまく仕事は進んでいました。

ところが、フロントマネージャーの評判が芳しくなく、管理組合・理事長などからマンション管理契約更新時に競合見積をしようということになり、私の所属している管理会社は、やはり次期契約が取れませんでした。私が勤務して、まだ十一カ月目のことでした。

今後はどうなるのかと思っていた矢先に、三カ月も管理員が不在で管理組合・理事長からはまだ管理員は見つからないのかと督促されているマンションがあると聞きました。

所在地が港区だったので、私を採用した会社は、私に通勤が遠くなるがどうですかと尋ねましたが、私は「はい、構いません」と答えました。サラリーマン時代に東京勤務を経験して慣れていましたので、通勤は苦ではありませんでした。
家に一日中いて女房と鼻を突き合わせてお互いに落ち着かない生活では困る。彼女も一生懸命子育てをし、さらに英語が通じず、スペイン語が欠かせない中米の長期海外出張にも付き合ってくれて、長いサラリーマン生活を共に乗り越えてきた。残りの人生は、女房にもなるべく自由な時間を確保してもらうことが女房孝行だろうと思いました。私としても、規則正しい生活ができて、亭主元気で外がいい、そして飲み代くらいは自分で稼ぐ、これが平和・幸福の道と考えました。さらに、片道一時間三十分の通勤は、適度な運動になります。

現在、私が勤務しているマンションは九十二戸の住居と十三店舗を含む百五戸の複合マンションです。駅から徒歩五分の利便性の高い好立地で、東京二十三区で最もきらびやかな地区にあります。二〇一四年のデータによると、日本にある百五十三カ国の大使館のうち八十二カ国が存在し、世界から多くの外国人が訪れる、ビッグ&リッチ・タウンです。

当マンションの築年数は四十年になろうとしています。とはいえ、左図の通り耐震適合マンションです。

地域防災拠点は区民センターや中学校もありますが、当マンションは「地区内残留地区」に指定されています。地区の不燃化が進んでおり、万が一火災が発生しても地区内に大規模な延焼火災の恐れがなく広域的な避難を要しない区域です。平成二十五年五月現在で三十四か所、約百キロ平方メートルが指定されています。したがって、緊急時に慌てて逃げ出さなくても館内にじっとしていれば安心というマンションです。大規模修繕も実施しているので外観もきれいです。

耐震基準適合

交付番号 [redacted]
建物名 [redacted]
建物所在地 [redacted]
建物の構造 鉄骨鉄筋コンクリート造 地上[redacted]階 地下[redacted]階
建物の用途 共同住宅・店舗
適合種別 耐震診断等

この建築物は、建築物の耐震改修の促進に関する法律又は建築基準法に基づく耐震基準に適合している建築物です。

平成29年5月22日

東京都知事 小池百合子

耐震基準適合証明書

昭和五十七（一九八二）年の建設当時は全戸分譲で、有名歌手、スポーツ選手、世界を旅する観光案内人などが住んでいたと聞いています。

あれから四十年、物件を手放すオーナーが出てきて、次に購入したオーナーが賃貸にしたことで、不動産会社、ＩＴ会社、飲食会社などの法人事務所が入居するようになりました。また、不特定多数が訪れる接骨院・脱毛サロン・ネイルサロンが増え、入居者も老若男女、外国人もいて多種多様になっています。したがって英語も必要になる場合があります。現在マンションには中国人・韓国人・アメリカ人・アルゼンチン人・インド人などが居住しています。

現在は居住者二割、法人・会社事務所などが八割くらいの状況になっており、場所柄なのか、入退室が激しいところで、常に変化に富んでいます。

令和四年は私がマンション管理員になって十年の節目にあたり、これまでを一度振り返ってみようと思い、本に纏めることにしました。

本を書くにあたって、参考になる図書がないか東京都と神奈川県の図書館で「マンション管理員」というキーワードで検索しましたが、思いのほか少なく、ヒットしたのは以下の四冊のみでした。

・『マンション管理員オロオロ日記　当年72歳、夫婦で住み込み、24時間苦情承ります』　南野苑生　フォレスト出版　二〇二〇年十月刊行
・『目指せ！　マンション管理員　管理員になるためのノウハウ満載』　日下部理絵　住宅新報社　二〇一二年十二月刊行
・『我は〈新米管理人なり〉』　西条嘉国　文芸社　二〇一七年十月刊行
・『元人気マンガ家のマンション管理人の日常』　元人気マンガ家T　興陽館　二〇二一年四月

マンション管理員の歴史は長いのに、書籍はこんなに少ないのか……と思いました。

そして、これらの本の中身は、ゴミの出し方、自転車の放置、騒音問題など、どこのマンションでもありそうな出来事が面白可笑しく物語風に上手に綴られておりました。

私としては、同様なことを書いても面白くない、それならば視点を変えて、マンション管理員が楽しく仕事ができるようなアプローチ、すなわち、入居者に喜んでもらえ、管理員自身の仕事も楽になる業務改善活動を中心に綴り、その後に、とりとめのない、いろいろな話も記述することにしました。

日本全国のマンションは七百万戸近くにまで達しているといいます。その日本全国津々浦々で毎日働いている管理員の皆様の参考になれば幸いです。

なお、プライバシー保護の理由から、登場人物の名前は変更しています。

西勝寺　源

令和四年十二月吉日

もくじ

第二章　マンション管理員が実施した業務改善活動　23

第三章　とりとめのない話……いろいろ　63

第一章　マンションの管理員とは

(1) マンション管理員とは

新型コロナウイルス感染症のBA・5が流行しようが、エッセンシャルワーカーであるマンション管理員は現場に行かないと仕事になりません。管理員の使命は入居者に対してサービスを提供することです。関係各所と良いコミュニケーションを図り、清潔・安心・安全で落ち着いた住みやすい環境を提供することであります。

(2) マンション管理員は中心人物

管理員はいつもマンション館内外を巡回し、現場の変化に気づき、現状把握している重要人物です。

入居者、訪問者、点検・工事業者、消防・警察関係者・税務署・年金事務所・郵便・宅配業者・引っ越し業者等々とコミュニケーションを図り、タイムリーにフロントマネージャーや管理組合に報告し、マンションの維持・保全を行っています。

管理員の対人関係

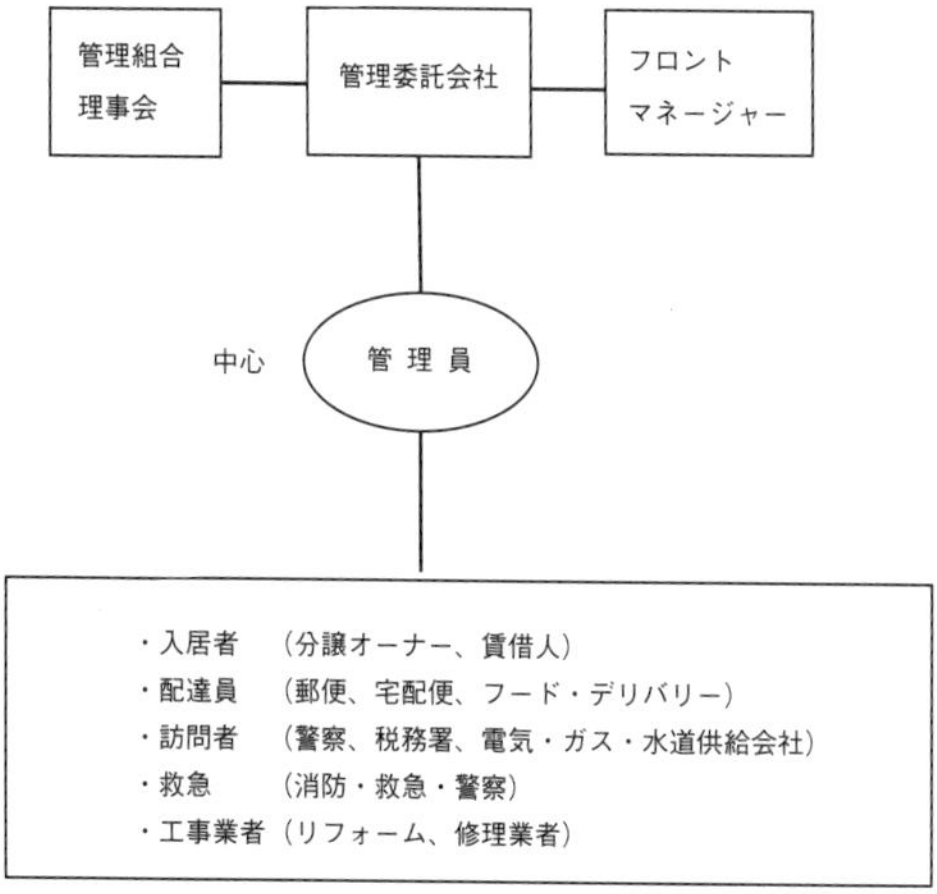

(3) マンション管理員の仕事とは

マンション管理員の仕事は、一般会社の全般を見る総務が行う業務によく似ています。

受付、巡回、清掃、電球交換、入退去管理、鍵の管理、理事会の準備、イス・テーブルのセット、掲示板の管理、定期点検・工事の立ち会い、警備・防犯カメラの監視、拾得物管理、ゴミ置き場の管理、管理組合やフロントマネージャーへの連絡・報告、入居者（居住者・店舗）とのコミュニケーション、FAX・電子メール管理、書類の整理、配達員（郵便・宅配便）との対応、東京電力・東京ガス・水道局との対応、警察・救急との対応、インターホンの使い方のサポート等々業務範囲は多岐にわたります。

第二章　マンション管理員が実施した業務改善活動

マンション管理員の職に就いて、仕事を始めると、入居者・訪問者のためにはこうしたほうがよい、八時間という長い労働時間のため自分の働く環境もよくしたい、などのアイデアが湧き、下記内容を実施しました。

1　勤務日

◆問題　横浜のマンションの時は日曜日だけがお休みで、その一日で普段できないことをこなすと、休んだ気がしないと感じていました。港区のマンションに移動しても同じ勤務形態で、これでは体も精神も休まらないと思い土曜日を休みにしてほしいと会社にリクエストを出しました。

◇改善　会社は土曜日の就業時間を午後六時から午後二時ではどうかと回答してきたので、私は強く土曜日をオフにしてほしいと伝えたところ、土曜日は違う管理員にやってもらうということで決着しました。

こうして土日がお休みとなり、大きな問題が解決して十年たった今でも楽しく働き続けています。

2　設備関係

(1) 蛍光灯からLEDへ　その1

◆問題　四十年経過しているマンションで、丸形蛍光灯・白熱電球・円筒形蛍光灯などが設置されていました。毎週一回照明テストを行い、球切れをチェックし電球交換を行っていました。
◇改善　私からフロントマネージャーに依頼し、球切れをなくし、電気代を少なく

LED になった通路の丸型照明器具

LED になったスポットライト

抑えることができると管理組合に提案して、二階から十一階通路の丸型照明器具をＬＥＤ電球に交換しました。円筒形蛍光灯については設備を交換しなくても、パイロット・ランプを除去して電球のみ交換でＬＥＤ化できました。

（2）蛍光灯からLEDへ　その2

◆問題　エントランス・スロープ階段は暗いため、スポットライトが二台設置されています。電球はハロゲンランプで、数カ月経過すると球切れとなります。設備が古いため、交換電球が製造停止になっており購入するのもままなりませんでした。ハロゲン電球はとても熱を持ち、電球交換時は軍手が焼けるほど熱くなり火傷することがあり危険でした。
◇改善　スポットライトＬＥＤへの変更によって、長寿命になり、火傷の危険性もなくなりました。

(3) インターホンカバー

◆問題　オートロックドアは外側と内側との二つがあります。この二つのドアはタイマーによってコントロールされ、どちらか一方のみ機能しています。朝九時から夜六時までは外側ドアは鍵を使わなくても自動で開きますが、内側のドアは鍵を差し込むか、部屋番号をキーインして入居者に開錠してもらって入館します。夜六時から朝九時までは、外側ドアは開かず、鍵を差し込むか、部屋番号をキーインして入居者に開錠してもらって入館します。なお、この時内側ドアは何もせずに自動で開きます。

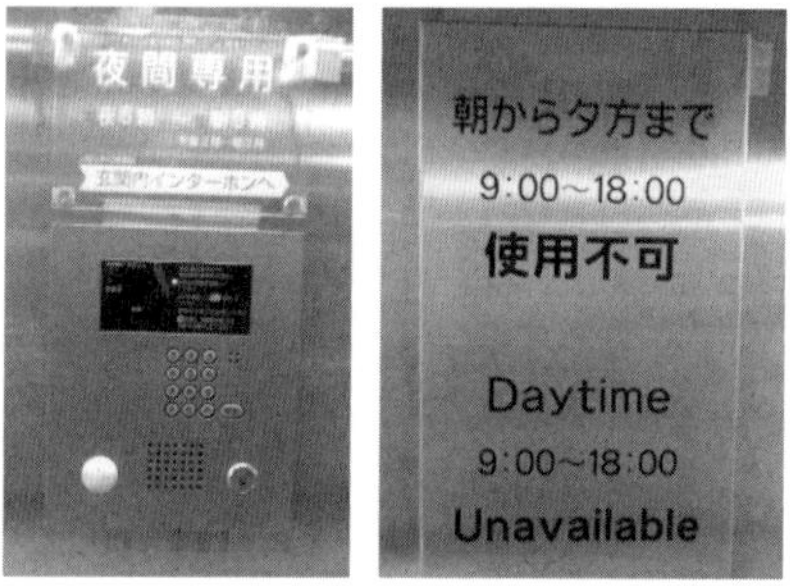

インターホンカバーと説明パネル

初めての訪問者はタイマーでオートロックをコントロールしていることを知らないため、外側インターホンで部屋番号を押して入居者にオートロックを外してもらいロビーに入ってきますが、内側のオートロックドアの所でも再度インターホンで部屋番号を押して入居者にオートロックを外してもらうという作業をしています。

オートロックの解除は一回でいいのに、入居者も訪問者も二度手間の操作を行って時間を無駄にしていることになります。

◇改善　写真のようにカバーをすることで、外側のインターホンを使わずにロビーに入れ、中のインターホンを一回使えば入館できるようにしました。

（4）エレベーターを降りた各階での矢印部屋番号表示板

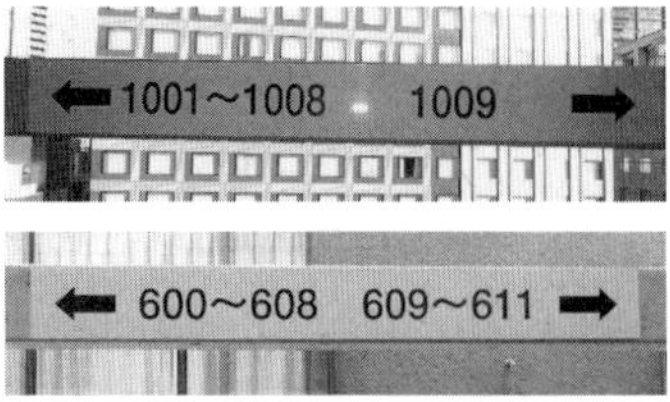

部屋番号の表示板

◆問題　入居者は間違えないのですが、訪問者は目的の部屋がエレベーターを降りて右に行ったらよいのか、左に行ったらよいのかわからず迷っている方を多く見かけました。

◇改善　そこで各階のエレベーターを降りた正面に矢印部屋番号を表示し、どちらに行ったらよいのかを明瞭にしました。これですぐに目的部屋に向かうことができます。

(5) 店舗の水道メーター検針作業

◆問題　店舗の水道メーター設置場所は、店舗に入り、テーブル・イスのある食堂を通り抜けた厨房の壁に埋め込まれる形でありました。しかし壁の前にはいろいろな荷物が置いてあり、まずはそれらを除かなければなりません。さらにメーター部分の

大仕事だった水道メーター検診

パッと確認できる
デジタル水道メーター

壁の中の
アナログ水道メーター

壁には蓋がされていました。壁の蓋を外すとようやくアナログ式水道メーター（写真）が顔を出します。そこで初めて検針ができ、あと片付けをして終了。この作業時間は約五～十分を要していました。

◇改善　フロントマネージャーに検針作業に苦労している状況を説明して工事を依頼。アナログ式水道メーターにセンサーを取り付けてケーブルでつなぎ、壁の蓋を外さなくても検針できるようにデジタルメーターを設置しました。

これで作業時間は一秒へと大きく短縮されました。店舗の人も管理員である私も非常に楽になりました。

（6）ネズミ出没

◆問題　入居者から、ゴミ置き場にネズミがいると話を聞きました。確かに防犯カメラにネズミが映っていました。近所の飲食店からやってきたものと思われます。

◇改善　ネズミ撃退器を購入して、さっそく設置しました。現在様子を見ています。

防犯カメラがとらえたネズミの姿

ネズミ撃退器を設置

3　事務関係

（1）FAXからパソコンに

◆問題　私の管理員としての最初の職場は神奈川県横浜市にある百四十戸の大きなマンションでした。日報や報告書などはすべて手書きで、FAXで本部へ送っていました。

次の職場は東京港区のマンションです。ここも同様に手書き・FAXベースでした。

◇改善　私は以前、IT会社でパソコンを使用して業務をこなしており、出張にもパソコンを持参して会議をしたり報告書をまとめていたりしていたので、キーボード入力による文書作成に慣れていました。

仕事は楽しくしなければならないというのが私のモットーであり、それならば仕事環境をよくすることが大事と思い、思い切って会社にパソコン購入を依頼しました。時間はかかりましたが、ラッキーなことにパソコン、プリンターを購入していただきました。これで仕事は断然スムースになり業務効率も向上してとても助かっています。

(2) 携帯電話電波の微弱

◆問題　マンション管理員室は地下一階に位置し、携帯電話通信電波が微弱で通話がよく切断されていました。
◇改善　通信会社に連絡し、現場状況調査を数回した後、フェムトセルという八センチメートル×一八センチメートル×五センチメートルくらいの小さな箱に収められた地上基地局を無償借用できました。それで見事に電波が改善して良好な通信ができ、快適になりました。パソコンも無線 Wi-Fi で接続でき、快適な環境です。

管理室レイアウト before

上半身と下半身が90度ずれて腰痛になる。

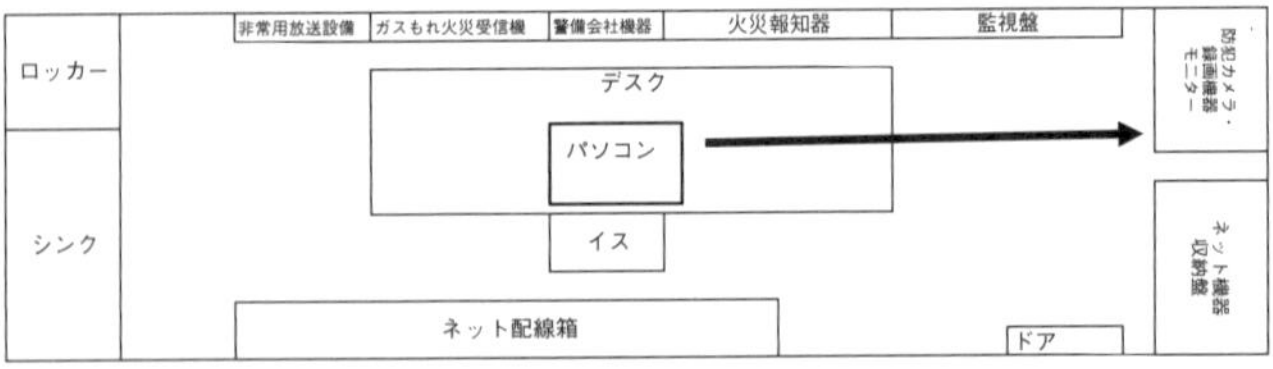

管理室レイアウト after

引出しを出して、その上にパソコンを置き、イスも45度傾けたことで防犯カメラモニターと一直線になり腰痛が解消した。

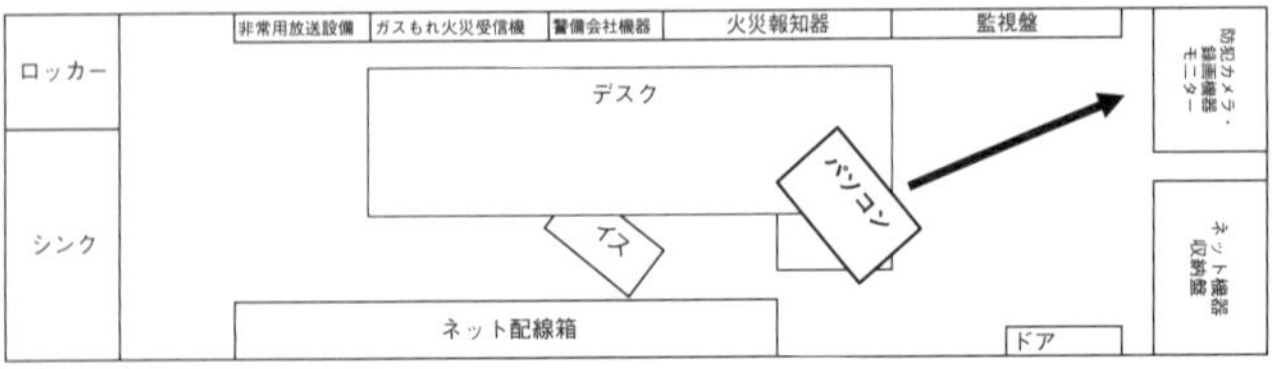

(3) ワークデスクとパソコンの位置

◆問題：管理室は四畳ほど（約三・五メートル×一・八メートル）の狭い部屋で、デスク前面には非常用放送設備・ガスもれ火災受信機・警備会社機器・火災報知器・監視盤、デスク右側面には防犯カメラ録画機器モニターディスプレー・ネット機器収納盤が、背面にはネット配線箱、左側面にはロッカー、シンクが配置されています。デスクの上にパソコンを置いて操作していましたが、直角右側九〇度の位置に防犯カメラ・モニターが設置されており、しばしばモニターの監視をしています。数カ月経過したころ、腰が痛いなと感じ、何だろうと原因を考えていたところ、腰は正面を向いているのに上半身は右側九〇度を向いているからかと思い当たりました。

◇改善　机の右側の引き出しを出し、そこに板を敷いて、その上にパソコンを置きました。するとパソコンと防犯モニターが一直線上となり、イスも同じ方向に合わせて操作すると、見事に腰の痛みが解消しました。また、イスの高さ調整は大事で、首、肩のこりと密接に関係していることも分かりました。

(4) フロントマネージャーとの連絡方法およびスマホの導入

◆問題　フロントマネージャーはガラケーのみを携帯して外出します。トラブルが発生し、状況を詳しく説明するうえで写真は非常に有効ですが、ガラケーは画像の確認には不向きです。パソコンに画像を送信しても、見るには事務所に戻らなければならず、対応が遅れ遅れになっていました。
◇改善　ガラケーからスマホなりタブレットに交換してほしいというリクエストを出してから四年が経過してやっとスマホに替わり、外出先から返事が来るようになりました。世の中はとっくに変わっていて、この話をすると笑われますが。ＩＴに乗り遅れたこの小さな会社としてはビッグな改革です。
なお、当フロントマネージャーがガラケーから離れられずに他のフロントマネージャーの足を引っ張っていてスマホの導入が遅れました。デジタルが苦手な人はどこにも一人は存在しますね。

4　コミュニケーション

(1) フロントマネージャーの休暇

◆問題　管理員が休む場合は休暇届を提出するのでフロントマネージャーは承知していますが、フロントマネージャーが休んでいる時、管理員には連絡がありません。そのため緊急連絡をして待っていても連絡がなく、しばらくしてから「今日はお休みをいただいています」と別な者から返答がきます。これでは入居者のための対応が後手になり、サービスへの不満につながります。
◇改善　フロントマネージャーが休む時は管理員にも通知してもらうようにしました。急ぎでなければ次の日に回すが、急ぎであれば代行フロントマネージャーに委ねるか判断することができるようになりました。

5　書類関係

(1) 各種申請フォームの電子化

◆問題　エントランスキー申込用紙、住居・店舗内装工事届出用紙、退去届、引っ越しのお知らせ等々、昔作られた平成という年号が入った用紙で、年号部分を令和と訂正してコピーをして使っていました。

◇改善　パソコンで、令和バージョンに作り直して使っています。

6　サービス

(1)　善意の傘

◆問題　傘を持たずにエントランスにやってきて、雨が降っていることに気づき部屋に戻ろうとする方がいます。
◇改善　掲示板に「善意の傘あります」と表示を出し、玄関に近いゴミ置き場の中に傘を用意することにしました。

(2)　インターホンにおける訪問先表示

◆問題　訪問者が集合ポストを見て左から右へ、右から左へと部屋番号を探している光景をよく見かけました。
◇改善　社名が表示してあるポストから会社名を抽出し、あいうえお順に並べた一覧表をインターホンのところに張り出しました。こうすることで誰でもすぐに目的の部屋番号が分かるようにしました。

（3）ドアの押／引 および鍵の開／閉の表示

◆問題　一見しただけでは、そのドアが押して開けるタイプなのか引いて開けるタイプなのか分からない、さらに鍵のロックが開くのか閉まるのか分からないことがあります。
◇改善　ドアノブに「押／引」を、鍵は「開／閉」も表示しました。

(4) エントランスキーの差し込み方

◆問題　初めて使う人は、キーをどう差し込むのか分からない様子でした。

◇改善　差し込み口付近にキーの向きを示した写真を表示して分かりやすくしました。

(5) 掲示板に三カ月分のカレンダー表示

◆問題　エレベーターの前に各種情報を張り出した掲示板が設置されていますが、掲示内容の期間を確認する際に、各自でいちいち手帳やスマホを出して確認する必要がありました。

◇改善　三カ月分のカレンダーを張り出したことで容易に確認できるようにしました。

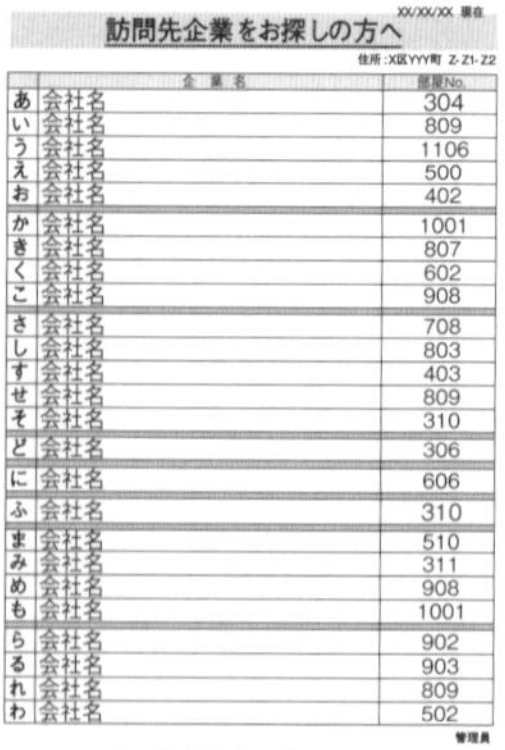

XX/XX/XX 現在

訪問先企業をお探しの方へ

住所：X区YYY町 Z-Z1-Z2

	企業名	部屋No.
あ	会社名	304
い	会社名	809
う	会社名	1106
え	会社名	500
お	会社名	402
か	会社名	1001
き	会社名	807
く	会社名	602
こ	会社名	908
さ	会社名	708
し	会社名	803
す	会社名	403
せ	会社名	809
そ	会社名	310
ど	会社名	306
に	会社名	606
ふ	会社名	310
ま	会社名	510
み	会社名	311
め	会社名	908
も	会社名	1001
ら	会社名	902
る	会社名	903
れ	会社名	809
わ	会社名	502

管理員

もう迷わない！
訪問先一覧の掲示

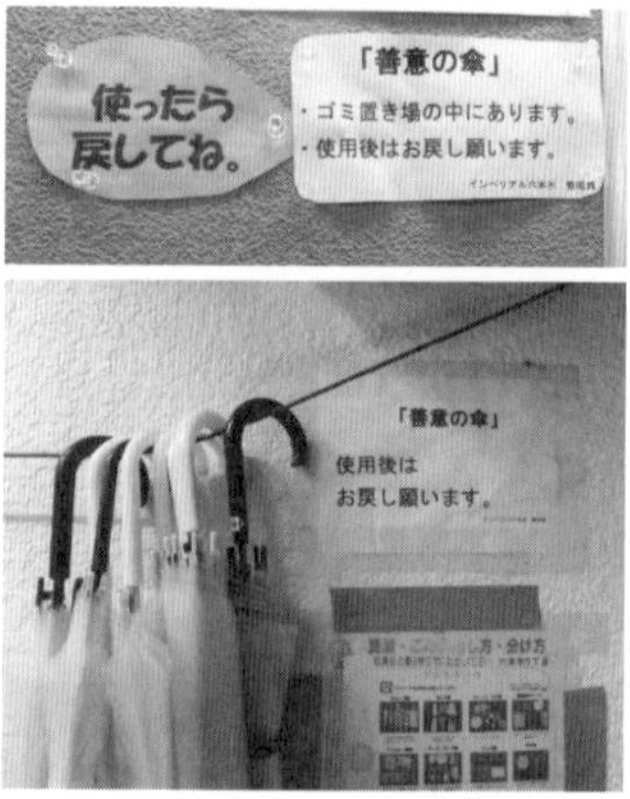

活用されている善意の傘

わかりやすいドアの表示

掲示板横のカレンダー

エントランスキー

（6）植木鉢と植物名

◆問題　観葉植物があるとその緑を見て癒されます。当マンションのロビーには三鉢の大鉢と一鉢の小鉢が置いてあり、一カ月ごとに異なる植物に替えています。ところが観葉植物は名前が分からず、今一つ愛着がわかないことがあります。

◇改善　植木鉢に植わっている植物の名前を張り出し、少しでも愛着がわくようにしました。

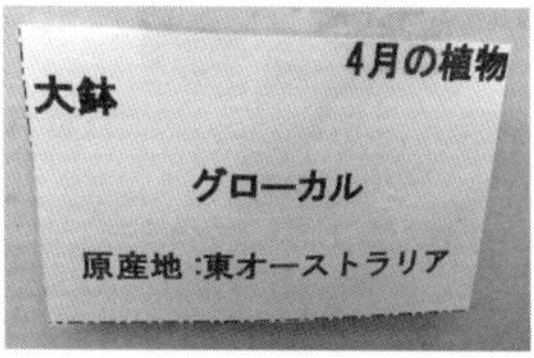

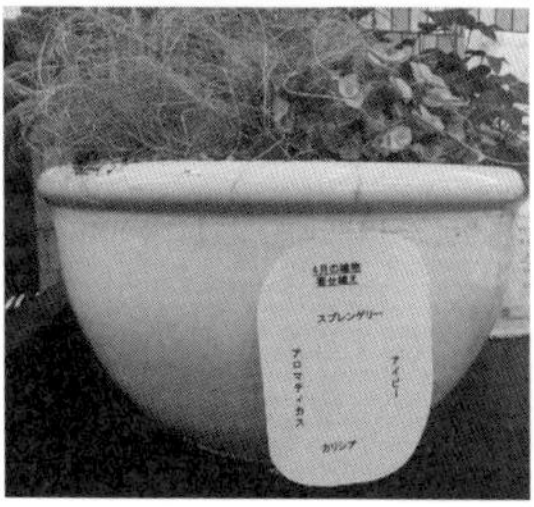

ロビーの植木にも愛情を

（7）廊下の宅配荷物　濡れ注意

◆問題　当マンションは四十年前の建設で、荷物を預かる宅配ボックスは設置されていません。アマゾン、クロネコヤマト、佐川急便などの宅配荷物はドライバーさんが部屋に届けるシステムでしたが、近年は不在でも荷物を廊下など指定の場所に置くことで配達完了になる「置き配」が当たり前になりました。しかし、定期清掃で月一回は高圧水洗浄を行うため、廊下が水浸しになります。

◇改善　定期清掃のお知らせを掲示板に張り出すタイミングで、以下の表示を出して入居者に注意を促しています。

定期清掃
廊下のダンボール
水濡れ注意

注意喚起

7　注意事項

(1) 代行管理員の名札

◆問題　常勤管理員が休みの時は委託先の代行管理員に業務をお願いしていますが、急に知らない人がうろうろしているのは入居者に不安を与えることになります。

◇改善　常勤管理員もネームプレートを首からぶら下げていますが、代行管理員にもネームプレートを首から下げて作業をしていただき、管理員であることを入居者に知らせています。もちろん掲示板にも代行管理員情報は表示しています。

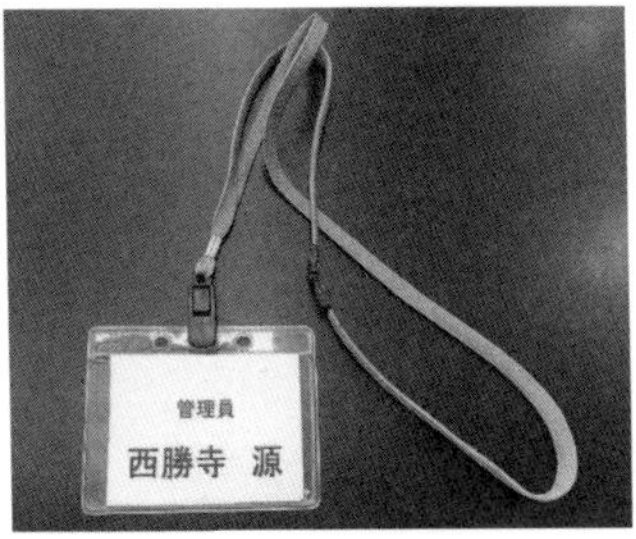

管理員は必ず名札をつけています

（2）粗大ゴミ

◆問題　東京都や神奈川県では、三〇センチメートル以上の大きなゴミは粗大ゴミ扱いになりますが、そんなことを気にせずに粗大ゴミシールを貼らずにゴミを出す入居者が多く存在します。その場合は、写真を撮り、掲示板で「粗大ゴミを出した方は引き取って粗大ゴミとして処理してください」とお願いしています。

今までに出された粗大ゴミは運動器具、加湿空気清浄機、金属性置物、プリンター、マットレス、テーブルのガラス板、テント、脚立、おしぼり保管器、扇風機、便座、金属ラック、イスなどです。

◇改善　入居者がゴミを持ってきても、それが粗大ゴミとすぐ

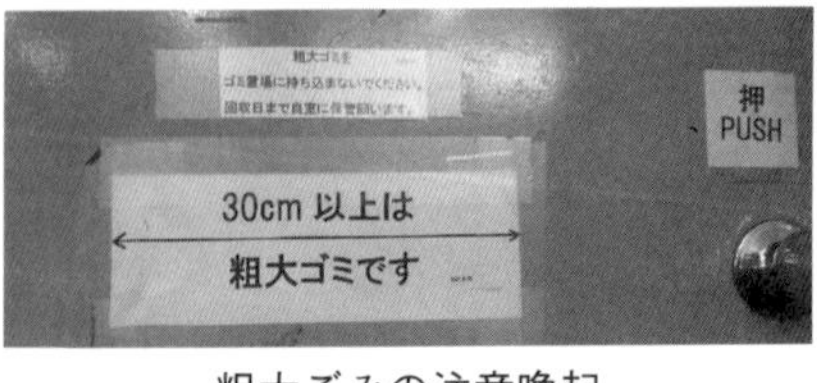

粗大ごみの注意喚起

に分かるように、「三〇センチ以上は粗大ゴミです」の表示をゴミ置き場入り口のドアに貼りました。この表示をしてからは、まだ粗大ゴミは出ていません。

(3) キーボックス

◆問題　階段手すりに無断でキーボックスを下げる不動産・仲介・工事業者がいました。コロナ禍前は無断で民泊をしている部屋があったためです。

◇改善　階段手すりの壁に「KEY BOX 無断吊り下げ禁止」の表示を張り出し、キーボックスを使用する場合は管理のため届出をしてもらい、登録制にしました。

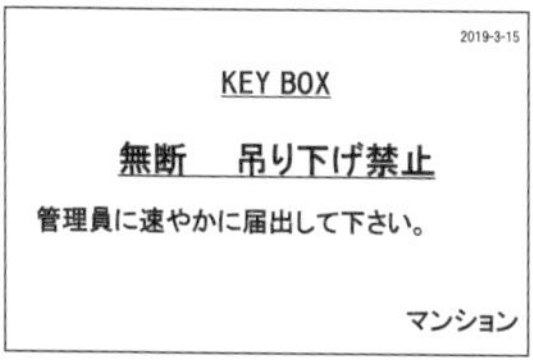

キーボックスは許可制に

（4）入居可能／不可能条件

◆問題　不動産・仲介業者から、新入居の際には連絡がありますが、不特定多数が出入りする店舗……施術場所（ネイルサロン、脱毛サロン、美容室等）、民泊、シェアハウス、ウイークリー・マンスリーマンション、賭博場、風俗などが入居することがあります。こうなりますと治安が悪くなり、タバコのポイ捨ても増え、以前からの入居者も管理組合も困ることになります。

◇改善　困る入居者を受け入れないように、あらかじめ入居可能／不可能な用途を不動産・仲介業者に示して、お客様を選んでいただくことにしました。

＊

【当マンション住居部分への入居可能用途&入居不可能用途】

不動産会社・仲介業者・入居者　各位

当マンション管理規約第十条に基づき、当マンションの住居部分への入居について以下のとおり定めます。

【入居可能な用途】

・住居
・社宅（利用者が法人の社員で特定できる場合。不特定多数は不可）
・住み込みの事務所
・セカンドハウス（荷物の保管場所等も含む）
・住居兼事務所（住居としての実態があり、兼事務所・教室・塾等に使用）
　※　少人数（五人程度）での使用で、かつ生活の本拠であるために必要な平穏さを

有することが条件。

【入居不可な用途】
・店舗
・施術場所（ネイル・脱毛サロン、美容室等）
・民泊
・レンタルルーム
・シェアハウス
・ウイークリー・マンスリーマンションとしての利用
いずれにも該当しない場合は、管理会社・管理組合に相談のこと。
追伸：ペット（犬・猫など）禁止。

二〇二一年二月

管理組合

＊

(5) ポストのネームプレート

◆問題　透明プラスチック板の上にテープで名札を張り付けている入居者がいます。見栄えが悪いのはもちろんですが、経年劣化で粘着剤が剥がれなくなり、除去するのに手間がかかります。

◇改善　集合ポストの上面に、「ネ

見栄えが悪い

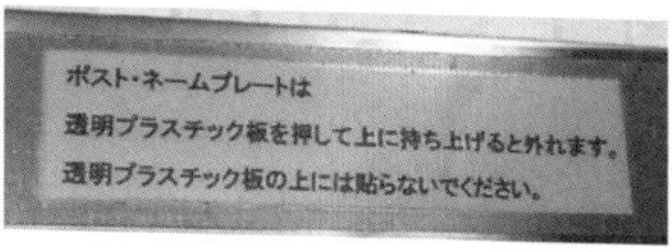

ネームプレートの外し方を解説する貼り紙

正しく設置されたプレート

ームプレートの外し方」というメモを張り付けました。

「透明プラスチック板を押して上に持ち上げると外れます。透明プラスチック板の上にはシールやテープを貼らないでください」

(6) 手すり

◆問題　手すりがある場所に、台車が放置されていました。お年寄りや怪我人が手すりを使って通るのに妨げになります。

◇改善　物を置かないようにと張り紙をしました。

(7) 台車回転場所

◆問題　工事業者がこの場所に荷物を置いてしまうと、宅配業者の荷物を乗せた台車がスロープを使えなくなってしまうことがありました。
◇改善　台車回転場所の張り紙で、荷物を置かないよう注意喚起しました。

（8）入居・退去・引っ越しする時の連絡

◆問題　何の連絡もなく入居する人、退去する人、引っ越しする人がいます。これでは管理員が入居者状況の把握ができなくなります。
◇改善　掲示板に入居・退去・引っ越しするときは、必ず管理員に届け出るようにとお願いを張り出しました。

8　各種取り締まり

(1) タバコのポイ捨て取り締まり

◆問題　朝、出勤して巡回すると、廊下や階段踊り場にタバコのポイ捨てが多く見られました。

通常だと、タバコの吸い殻を拾って片づけて作業を終了するのが一般的と思われます。しかし、このままだと、ポイ捨てした人はまた同じことを繰り返します。

◇改善　捨てられた場所に、ポイ捨て禁止の表示を繰り返し繰り返し張り紙をして、捨てた本人の意識に訴えることを実施しました。そのおかげでタバコのポイ捨てが減少してきました。

(2) 自転車・バイク駐輪取り締まり

◆問題　当マンションは一階、地下一階、地下二階に店舗が入っています。お店に行く途中にスペースがあるためか、そこに自転車やバイクを不法駐輪する人が多くいます。店舗オーナーから、お客さんが通ってくる動線に自転車・バイクがあって邪魔であるとクレームをいただきました。

◇改善　そこで不法駐輪している自転車・バイクに駐輪禁止の張り紙をして注意するようにしました。

さらに、駐輪禁止の表示と防犯カメラ設置のシールを貼りだしました。このことによって不法駐輪が減少しました。

2021年2月12日

喫煙者各位

タバコを捨てないで下さい

"Please do not throw tobacco"

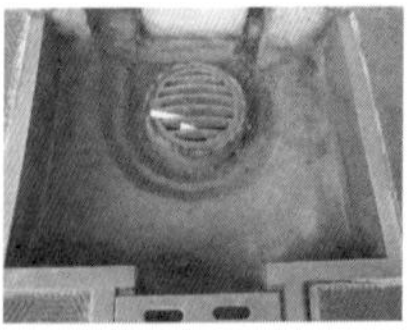

ご自分で拾って処理してください。

携帯灰皿をお持ちください。

ご協力お願いいたします。

マンション名

ポイ捨て禁止の貼り紙で注意喚起

タバコポイ捨ての現場

駐輪禁止

写真撮影　　済

ナンバー控え　済

次回は警察110通報します。

マンション名

駐輪禁止　　自転車・バイク

Parking Prohibited

Bicycle/Motorcycle

防犯カメラが見ています。

The security camera is watching.

マンション名

MANSION

駐輪禁止の注意喚起

(3) ペット禁止

◆問題　マンション規約中に、次のようなペット禁止事項があります。

「建物内で犬、猫等の動物を飼育すること。(鑑賞用の小鳥、魚類はこの限りではない)」

しかし黙って飼う人がいます。不動産・仲介業者がきちんと説明しているのか疑問です。

◇改善　エントランスにペット禁止の表示を張り出しました。

加えて、マンションの各種確認事項を不動産・仲介業者に知らせました。

＊

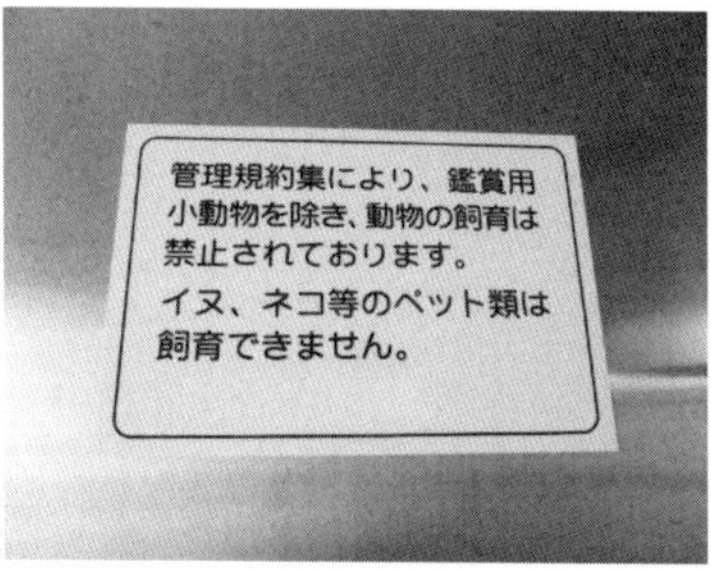

ペット禁止の注意喚起

【マンションの各種確認事項】

・ペット禁止。
・入居届／退去届は必ず提出すること。
・年二回の消防設備点検は、必ず点検業者を入室させて点検すること。
(ベランダの避難ハシゴの点検、避難ハシゴの周りは荷物を置かずにスペースを
　空けること)
・年一回の排水管清掃は、必ず点検業者を入室させて点検すること。
・エレベーターは二基設置(定員九名・積載六〇〇キログラム／基)されています。
・エントランスはオートロックで、鍵で開錠します。
・集合ポストは設置されています。ダイアル式で開閉します。
・ゴミ置場のドアには鍵がかかっておらず、二十四時間三百六十五日、出すことが
できます。

（粗大ゴミは出せません、個人で粗大ゴミ受付センターに連絡して処理します）

・自転車駐輪場はありません。

（自転車を保有される方は部屋に格納してください。廊下に放置はできません）

・駐車場はありません。

・宅配ボックスはありません。

・トランクルームはありません。

・屋上はマンション維持設備が設置されており、上がれません。

・会議室はありません。

・非常階段はマンションの両側に設置されています。

・防犯カメラが作動しています。

・ＰＳ（Pipe Space: 電気・ガス・水道メーター）ルームに物を置くことはできません。

・花壇・廊下・空きスペースに、タバコの吸い殻・ゴミ・空き缶・空きペットボトルを捨てることはできません。

(4) チラシ投函禁止

◆問題　エントランスはオートロック方式です。日中は管理員がいるのでチラシは投函されませんが、夜間、ポスティング者がテールゲーティング（人の後について入館する方法）して入館しています。次の朝、ポストを開けるとチラシがたくさん入っています。入居者は毎日、ゴミとしてチラシを捨てなければなりません。

◇改善　エントランスとポスト上に「チラシ投函禁止」の表示を張り出しました。この表示によって投函数は減りましたが、まだまだ投函されて

チラシ投函禁止の表示

います。さらなる対策が必要になります。

将来的には、行政で投函すると罰金を課すような仕組みが必要と思われます。

(5) PS(パイプスペース)の荷物

◆問題　PSは電気・水道メーター・給水管・冷温水管などがつまったスペースです。ここは共用部に該当しますが、ここに使われなくなった電気炊飯器、傘、脚立、プラスチック容器などをしまい込む入居者がいます。

◇改善　掲示板に次ページに示した表示を出し、入居者が共用部であることの認識と物を置かないことの注意を促しました。

パイプスペース(メーターボックス)内の荷物について

共用廊下のパイプスペース(メーターボックス)内に、荷物(傘、バック、等)を入れている方が多数見受けられます。

パイプスペース(メーターボックス)内は共用部分ですので、個人の荷物を入れることは出来ません。点検や検針業務の妨げとなりますので、心当たりの方は至急お片付け願います。

宜しくお願い申し上げます。

以上

ＰＳへの荷物保管貼り紙

第三章　とりとめのない話……いろいろ

（1）ペットの話

十階の女性、野村様がペットを飼っているということが判明しました。規約にペット禁止と書かれていることから、掲示板にペット禁止の張り紙をしたところ、山下フロントマネージャーから剥がすように指示がありました。どうしてかと思ったら、村木理事長が猫を飼っていることが判明しました。立場上、一管理員が理事長に歯向かう訳にはいかず、それ以上のことはできませんでした。

その後数年経過し、野村様は引っ越していきました。

一件落着と思いきや、三階に藤波様が引っ越してきました。訪問者がロビーからインターホンを鳴らすと犬が吠える声が聞こえ、ペットがいることが判明したため、藤波様には当マンションはペット禁止ですと連絡をしました。その後どうなったか、まだ不明です。

どうしてペットを持ち込むのか。入居者に対して、不動産・仲介業者の事前説明・

明示が不足しているために起こると私は考えました。そのため、「第二章　8各種取り締まり（3）ペット禁止」で記述したものを関連不動産・仲介業者に配布しています。

最近、村木理事長の飼い猫が天に召された模様で、猫が使っていたペットトレーを処分していました。

これで安心してペット禁止と言えます。

⑵ 出前の器

出前のお兄さんが食べ終わった器を引き取りに来ました。自動ドアの前に置いてあると聞いてきたが器がないと。「管理人さん知りませんか？」と尋ねられましたが私は知りませんと答えました。出前を頼んだ方に再確認してみてはと話すと、出前のお兄さんは四階の遠藤様の奥様に連絡し、「夜中に自動ドアの前に置いたそうです」と言いました。出前のお兄さんは器がないので仕方なく手ぶらで帰っていきました。

数時間後、管理人室の電話が鳴りました。出前を頼んだ遠藤様のご主人から器はないかと聞かれたので、夜中のことは知らないと答えました。すると「朝方はどうか」とのこと。清掃員の笠原さんに聞いてみますと答えて、電話を切りました。

あくる日、笠原清掃員（七十二歳）に、ここに器がなかったかと尋ねると、「ポットと何か器があった」と答えました。それで、その器はどうしたのと聞くと「ゴミと思って捨てた」と言いました。

これはびっくり、まいった！　常識的に、出前の器と分かりそうなものなのに。この人は出前を頼んだことがないのか？　と心の中で思いました。出前を頼んだ遠藤様には、捨てたとは言えません。どうしよう、知らないと惚けることにしようか……。

あくる日の午後六時近く、管理人室の電話が鳴りました。遠藤様のご主人からでした。ご主人曰く「出前の人と話したが、ゴミと間違えて捨てることがある」とのこと。

私は清掃員に確認したが知らないと言っていたと答えました。ご主人はその旨、出前屋に話をすると言って電話を切りました。ホッとしました。

私は心の中で、出前屋さん、出前を頼んだ遠藤様、大変申し訳ございませんでしたとつぶやきました。

笠原清掃員には、今後は気を付けるように指示しました。ああ疲れるわ……。

(3) 該当する部屋ではないポストに鍵を投函

六階の会社の女性事務員山田様が管理室にやってきました。他の事務員が前日に自部屋ポストに鍵を放り込んだはずだが該当ポストには鍵が入っていなかった。そこで、そのポストの上下左右のポストを開けてチェックしたいとのこと。そこで上下左右のポストを確認したところ、右隣の部屋のポストに入っていたことを確認し、めでたしめでたしとなりました。

（4）ウンチの話

笠原清掃員が二階の避難通路隅にウンチがあると私に言ってきました。現場に行ってみると確かにウンチがありました。大きさから、犬・猫の仕業ではないなと思い、何台かの防犯カメラをチェックしました。その結果、男がズボンのベルトを締めながら歩いている姿がビデオに映しだされました。

後日、四階のＩＴ会社のその従業員に映像を見せましたが、本人曰く「酔っ払っていて覚えていない」とのことでした。私は、この映像はどう見てもあなたですねと念を押し、今後は絶対にしないように強く警告しました。

その後、この部屋は退去しました。あーよかった、変なヤツがいなくなって。

（5）借金している入居者

六階の不動産会社の上野様（推定三十五歳前後）を訪ねてきた友人が、インターホンを鳴らしたが出ない。玄関ドアまで行ったが留守だったとのこと。お金を数百万円貸し、半分返してもらったが残りを返してくれない。電話をしても出ないので部屋までやってきたとのことでした。

その日、友人の方が帰った後、上野様は午後三時ごろ女性と外出していきました。

また、違う日にも別な友人がやってきて、インターホンを鳴らしたが応答なし。この友人もお金を貸しているが返してもらっていないということでした。この時もまた居留守を使っていたのです。

上野様は家賃も滞納していたと不動産管理会社の尾張さんがもらしていました。

最近になって、六階の不動産会社を訪ねてきた方が、私に「六階の方は……」と聞くので、引っ越しましたと答えました。引っ越し先をご存じですかというので知っていると答えました。教えてもらえますかと言われましたが、個人情報は教えられないと言いました。どちら様ですかと尋ねると、国際宅配便ＤＨＬの方でした。まだ支払いが済んでいないとのこと。

どうしても取り立てるなら警察に相談してみてはとアドバイスしました。

(6) 賭博の部屋

新しく四階に入居された久野様。最初にお会いした時に何系の会社ですかと私が尋ねると、ＩＴ系の会社と答えました。

入居して数カ月経過したころから、その部屋に出入りする人が増えてきました。私は何だろうと思っていました。やたらと四階廊下にタバコのポイ捨てが増えていきました。半年くらい経ったころ、近所のそば店の出前配達員が注文されたそばを届けに行き、玄関に入ったら賭博しているのが見えたと私に話してくれました。

一年くらい経ったころ、警察が私のところにやってきました。賭博の部屋をチェックするので防犯カメラを見せてほしいとのことで、捜査関係事項照会書を警察からいただいた後に、映像をチェックしました。また、エントランスに監視カメラをセットしたいという話があり、設置しました。

ある日、久野様は私に警察が来ているかと聞いてきました。私は知りませんと答えました。それから一〜二カ月経過したところで該当部屋は引っ越して出ていきました。逮捕までは至らずで残念でした。しかし、警察は引っ越し先は特定してあると言っていましたので、捕まるのも時間の問題だろうと思いました。

(7) ペットボトルにコンドーム

笠原清掃員から呼ばれてゴミ置き場に行ってみると、使用済のコンドームがペットボトルの中にぶら下がった状態でゴミ置き場に置いてありました。その後もこういうことがしばしば見られました。

問題の
ペットボトル
イメージ図

このためゴミ置き場に防犯カメラを設置して観察しました。その結果、ペットボトルを出していたのは七階に住んでいる井深様ということが判明しました。この方は独身の五十五歳前後とみられる男性です。

村木理事長・山下フロントマネージャーに報告して対策を練りました。

ゴミ置き場内に変なゴミを出さないようにという警告文を張り出すと同時に防犯カメラで人を特定させていただきますとも書き添えて様子を見ました。

防犯カメラが抑止力になったのか、その後は鳴りを潜めています。

(8) 上の階からの液体噴霧事件

マンションの東側には非常階段が設置されており、その真下は階段を含むエントランス通路となっています。朝出勤すると、時々通路床に写真のように水玉模様があることがありました。少しべとつくような感じの液体でした。

ある時、十階の崎田様が通路を歩いていたところ、目の前にその液体が落ちてきたことがあり、上を向いたが誰もいなかったとのことでした。

また、異なる日に運悪く十一階の渡辺様が通行しているときに、それを頭に受けたとのことでした。上を向いたが、やはり誰もいなかったとのことです。液体は何か臭いましたかと問うと、マウスウオッシュのようなにおいがしたと言っていました。

何カ月にもわたって防犯カメラを何回も何度もチェックしました。その結果、前項（7）で顔を出した井深様の仕業ということが判明しました。

この液体噴霧事件も、警告文を張り出すと同時に防犯カメラで人を特定させていただきますとも書き添えて様子を見ています。今のところはやんでいます。今後は何事も起こらないとよいのですが。

階段に水玉状に残る液体の跡

(9) 玄関ドアに液体スプレー吹き付け事件

月曜日の夕方、管理室に三階の女性入居者、本木様がやってきて、玄関ドアに何か付着していると言いました。その本木様と一緒に現場へ行って確認すると、四部屋の玄関ドアに写真のようにスプレーでペンキのようなものが吹きかけられ、垂れて乾いた跡がしっかり残っていました。誰がやったのかを調べるため防犯カメラをチェックしました。

すると、同階の住人である下野様が夜の零時過ぎに左右に体を揺らしながら歩き、各ドアにシュー、シューとスプレーしている様子が映されていました。この件を書面にまとめ、山下フロントマネージャーと村木理事長に報告しました。

その結果、器物破損で警察に報告することになりました。

しばらく日数が経ってから地元警察署から刑事と鑑識の人

ドアに噴射された謎の液体

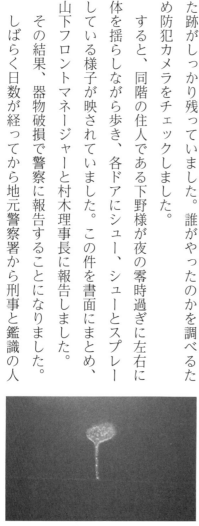

が来館。現場調査をするとのことで私も付き合わされ、写真のように、頭キャップ、腕カバーそして手袋をしました。

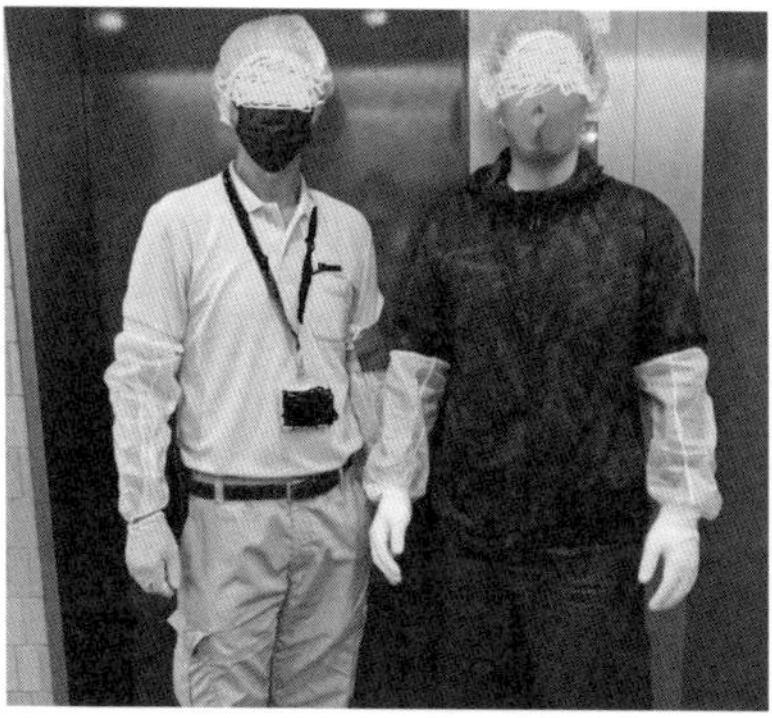
警察と共に管理員も現場調査へ

警察署の調書作成や調整などあり数カ月時間が経過しました。

ある日警察から電話が入り、明朝、下野様の部屋に踏み込むが、何時ごろ出勤するのかと聞かれたので八時ごろと答えました。また、あまり人に会わないように連行するので目立たない所を通過したいとのこと。裏から回ってくださいと話をしました。

あくる日、朝七時ごろに警察官五～六人が臨場して、下野様は警察に連行されました。出勤して防犯カメラ映像を見てみると、警察官に囲まれて下野様が署まで連行されていく様子が映っていました。

その後、下野様が罪を認めてドア改修費用を払って塗装工事業者を手配、ドアは元通りきれいになりました。

これで下野様も反省して酒に飲まれないようになればよいと思います。

(10) タクシードライバーがエントランスで立小便事件

当マンションのエントランスは交通量の多い都道に面しています。ある日の日中、当マンションの五階の後田様が門のほうに向かって歩き出したところ、植栽がある場所でタクシードライバーが立小便しているのを見かけ、管理室まですっ飛んできました。

さっそく管理員の私が行った時には、立ち去った後でした。

立小便を見かけた後田様と、その時氷を配達していた男性が、Hタクシーと書かれた車が止まっていたと証言しました。

ネットで調べるとそのHタクシーは四社あり、片っ端からメールで問い合わせしましたが、うちにはそのようなドライバーはいませんと言われました。

防犯カメラには立小便しているドライバーが映っていましたが、あいにくと逆光でシルエットしかわからず、事件は未解決で収束しました。

(11) ハクビシン

イタズラした者を調査するため防犯カメラの録画映像を見ていました。すると何か動物が通ったので映像を巻き戻してみたところ、アライグマかタヌキみたいなものが映っていました。よく見ると目と目の間、額から鼻筋に白帯が入っており、ネットで

防犯カメラに映ったハクビシン

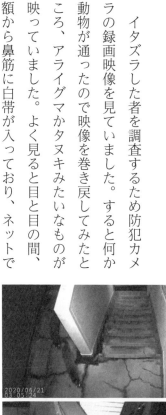

調べたところ、それは何とハクビシン（白鼻心）でした。

こんな大都会にハクビシンがいるとは思っていなかったのでびっくりしました。その後、ニュースで東京にはハクビシンが多く生息していると知りました。

ハクビシンは夜行性で雑食性、五本指で電線でも渡り歩くという動物です。

掲示板にハクビシンの写真を張り出し、入居者にはドア・窓の開けっぱなしに注意するように喚起しました。

⑿ 離婚調停中のご主人のストーカー

七〜八年前の話になりますが、五階の後田様が引っ越してきたころ、「離婚調停中の夫からストーカーされている」と話を聞かされました。もし夫が訪ねてきても自動ドアを開けないように頼まれたのです。

何回かそれらしき人が見えたようでしたが、うまい具合にすれ違いだった模様です。

無事問題は解決したようで、お子様・お孫様、妹様も遊びにくるようになり、現在は落ち着き、何ら支障なく元気に後田様は過ごされています。

⒀　部屋でひっそりと息を引き取った

会社の事務所として入居した十一階の島田様は毎日元気に出社していました。事務所ではお一人で業務をこなしていました。

二年半が経過したころ、島田様の友人という方がお見えになり、島田様と連絡がとれない、島田様の奥様も連絡がとれないと言っていると受付で話されました。そうこうしていると急に警察・救急・消防など十名くらいが押し寄せ、同行したカギ屋が事務所のドアを開けて入ってみると、島田様がひっそりとお亡くなりになっていたとのことでした。私はその現場には行けませんでしたが、朝会えば挨拶もされるし、太っている人でもなかったのにどうされたのか……。

最後は関係者によって、ブルーシートに包まれてストレッチャーでロビーを通過していきました。私は手を合わせました。悲しい出来事でした。改めて健康に対する気持ちを考えざるを得ませんでした。

⒁ 漏水の話

四〇五号室に入居している舘山氏が管理室にやってきて、「天井から漏水している」と言われました。

現場を見ないと分からないので、早速四〇五号室に向かいました。

天井角から漏水が確認できました。真上の部屋が怪しいと思い、五〇五号室の花山氏の部屋を訪ねたところ、セントラルヒーティングの床置き型ファンコイル（空調設備）周りの床が濡れていることを確認しました。素人では原因特定は難しいので、業者に来てもらい点検しました。すると、ファンコイル内のサブドレンパン（水受け皿）がヘドロで汚れ、詰まっていることが分かりました。そこから水が溢れ床に落ち、それが下の階の天井に落ち漏水に至ったとのことです。業者による清掃で詰まりは解決し、漏水も解消しました。

⒂ 黙って退去

四〇七号室の所有者が来館し、新入居者のために部屋のリノベーションを行うと言ってきました。私は「えっ!?」と反応しました。前の入居者が退去したことを知らなかったのです。その部屋の池山様ご夫妻とは毎日お会いしていました。

池山様が出勤していく際には、私は「おはようございます、いってらしゃい」と挨拶をしていました。それが黙って出ていくなんて……驚きました。ところが所有者は、「契約されていた方は独りもんですよ」と言いました。夫婦ではなく同棲していたのかと、またビックリさせられました。

人間って分からないものですね。

⒃ 足ふきマット

足ふきマット（エントランス玄関マット、エレベーター内床マット）によくゴミが落ちているので、ガムテープでペタペタとゴミを拾っています。そのガムテープに毎回髪の毛がいっぱいくっついてきます。人間はどんだけ毛が抜けているのだろうと思います。

年齢を重ねると髪の腰もなくなり、本数は減り、私も含めてさみしい限りです。

⒄ ガラス割られる

月曜日に出勤して巡回した時、ドアガラスが割られていることに気がつきました。

一一〇番通報し、最初にお巡りさんが二名、その後に刑事が二名臨場しました。防犯カメラをチェックすると、日曜日の夜七時四十八分に、スーツを着た、結婚式の二次会後のような五人組の男性が映っており、そのうちの1名が千鳥足で歩いていき、靴でドアをキックしてガラスを割った場面がしっかり記録されていました。残りの四名はすぐにその場をあわてて去っていきました。

現在警察はホシを追いかけています。

割られたドアガラス

第四章　マンションの歴史

一マンション管理員として、マンションのことをもう少し知っておこうと思い、マンションの定義について、また、日本のマンションの歴史についても調べてみることにしました。

1　マンションとは

マンションとアパートの違いは何でしょうか？　規模の小さいものがアパートで、大きめならマンション？　ネットで調べたところ、マンションとは、「主に鉄筋コンクリート造（RC）、鉄骨鉄筋コンクリート造（SRC）などの耐火構造の集合住宅のこと」とありました。

一方、アパートは、「木造、プレハブ造・軽量鉄骨造などの準耐火構造の集合住宅で、おおむね二階建てまでの低層のものを指す。ただ、両者の規定については、建築基準法や宅地建物取引業法には明記されてはいない」とありました。

一般的に構造的な観点から、マンションは、アパートよりも耐震性・耐火性・遮音性に優れているといえます。また、建物一棟当たりの規模が大きく、共用スペースや付帯設備の機能も充実しているようです。

ちなみに、英語で「マンション」(mansion) は豪邸という意味だそうです。アメリカ人に「私はマンションに住んでいる」と言ったらびっくりされてしまいますね。いわゆる集合住宅のことは「アパートメント」(apartment)、分譲物件のことは「コンドミニアム」(condominium) と呼ぶようです、ご注意を。

参考 URL: https://suumo.jp/yougo/m/mansion/

2　マンションの歴史

日本で初めて鉄筋コンクリート造の共同住宅が建設されたのは一九一六（大正五）年の長崎県端島《はしま》でした。通称「軍艦島」で有名な所です。海底炭田があり良質な石炭がとれるため、炭鉱として栄えました。そこの鉱員向け共同住宅として建てられたとのこと。廃墟ではありますが、現存しています。現在は「明治日本の産業革命遺産 製鉄・製鋼、造船、石炭産業」の構成資産の一つとして、世界文化遺産に登録されています。

参考 URL: http://boken.nagasaki.jp/spot/boken131.

軍艦島（長崎県端島）

html

その後、一九二三（大正十二）年に、関東大震災の復興支援のために設立された団体「同潤会」が東京と神奈川に建設したのが、昭和初期の近代文化的象徴ともいえる「同潤会アパート」でした。

参考 URL: https://kotobank.jp/

青山同潤会アパート

居住用として日本で初めて分譲マンションができたのは一九五三（昭和二十八）年。東京の渋谷に建設された、十一階建ての「宮益坂アパートメント（宮益坂ビルディング）」で、これが公的分譲住宅の第一号だそうです。二〇一七年に解体され、現在はモダンなビルに建て替えられています。

参考 URL: https://liv-plus.jp/column/column-1159/

一九五六（昭和三十一）年には、民間による分譲マンションの第一号として、東京都新宿区に五階建ての「四谷コーポラス」が建設されました。こちらも老朽化に伴い、近年建て替えられました。

参考 URL: https://mansionkeiei.jp/column/28685

おわりに

時の流れは速いと言いますが、定年退職して、本当にあっという間に十年経過しました。

この間、マンション管理員を体験して、本当にいろいろな人間がいると思いました。よく挨拶をしてくれる人、まったく挨拶しない人、こちらが挨拶すると声を出さないがお辞儀する人等々。

郵便ポストがチラシでいっぱいになっていても中身を整理しない人、物を食べながらこぼして歩く人、ごみ・タバコをポイ捨てする人、シールを貼らないで粗大ゴミを出す人……。

また、挨拶なしに入居・退去する人もいます。今まで顔を合わせてきたのだから挨拶ぐらいしろと言いたくなりますが……。都会では昔のような常識がある人間は少なくなっているのでしょうか。
そうは言っても、これはほんの数パーセントの人の話で、ほとんどの入居者はきちんとルールを守って生活しています。

管理員の仕事はサービス業ですから、入居者が安全・安心に、清掃の行き届いたきれいな環境で快適に暮らせるように支援しなければなりません。そのため、入居者に住みやすくなるようにいろいろな改善活動を実施して、かつ管理員の私にとっても働きやすい環境を整えてきました。こうして十年間、楽しく毎日働いています。

これからも日々、入居者が快適に過ごせるように、少しの変化も見逃さずにきちんと対応していこうと思います。
十年経っても楽しく働けて幸せです。健康である限り、マンション管理員として働き続けたいと思います。

最後に、文芸社出版企画部の越前様、編集部の今泉様にはアドバイスなどご支援ありがとうございました。

令和四年十二月吉日

西勝寺　源

【参考文献】

『マンション管理員オロオロ日記　当年72歳、夫婦で住み込み、24時間苦情承ります』南野苑生　フォレスト出版　二〇二〇年
『目指せ！　マンション管理員　管理員になるためのノウハウ満載』日下部理絵　住宅新報社　二〇一二年
『我は〈新米管理人なり〉』　西条嘉国　文芸社　二〇一七年
『元人気マンガ家のマンション管理人の日常』元人気マンガ家T　興陽館　二〇二一年
「マンション管理人が住民に騒音を注意する手紙」酒井順子　『作家の手紙』有栖川有栖、佐藤正午、池上永一ほか　角川書店　二〇〇七年
日本経済新聞　二〇二一年五月二十一日「マンションの価値を守る」

著者プロフィール
西勝寺 源（さいじょうじ げん）
1952年生まれ、神奈川県横浜市出身。
横浜市内の小学校・中学校・高校・大学を卒業。
外資系大手IT会社に就職、エンジニアとして従事。1997年から4年間、中米に海外赴任、2012年に定年退職。
その後マンション管理員として楽しく勤務し、現在に至る。

マンション管理員の業務改善活動&とりとめのない話イロイロ

2023年3月15日　初版第1刷発行

著　者　西勝寺 源
発行者　瓜谷 綱延
発行所　株式会社文芸社
〒160-0022　東京都新宿区新宿1－10－1
電話　03-5369-3060（代表）
03-5369-2299（販売）

印刷所　株式会社フクイン

ISBN978-4-286-29068-3